InfoJunior / Histoire

Collection dirigée par Martine et Daniel Sassier

La vie des paysans il y a cent ans

Madeleine Leveau-Fernandez

Illustrations

Pascale Collange-Baraud

AMDS

La Compagnie du Livre

Dans la même collection

Les paysans des bords du Nil

Sportifs et guerriers dans la Grèce ancienne

Dans les rues de la Rome impériale

La vie des paysans il y a cent ans

ISBN 2 84155 026 5

Sommaire

Cent ans, c'est si loin... et si proche 4/5
Une belle ferme 6
Le pain quotidien 7
Entre mer et campagne 8
À la fontaine 8
Le soir, à la veillée 9
Des livres dans la maison 10
La visite du colporteur 11
Un médecin venu du bourg 11
Des gestes très anciens 12
Outils d'hier et machines de demain 15
Allons en vendange... 16
Au travail dès sept ans 18
Les petits au verger 19
Une école pour tous 20
La distribution des prix 21
Vers le bourg 22
La fête du marché 23
Jour de foire 25
La tournée du maire 26
Un homme, un vote 27
Le temps du service militaire 28
Départ vers la ville 30
Quelques dates 31
Index 32

Cent ans, c'est si loin...

Un siècle, comme cela nous semble long... Et pourtant, quatre générations seulement nous séparent des années 1900 : parents et enfants ont en effet environ vingt-cinq ans de différence. En remontant ce temps, nous découvrons la fulgurante évolution qu'a connu le 20e siècle. La conquête du ciel et de l'espace, en quelques dates, suffit à résumer cette incroyable accélération : 1890, Clément Ader réalise un saut de puce à bord d'un appareil plus lourd que l'air ; 1909, Blériot traverse

la Manche en avion ; 1930, l'aviation commerciale se met en place ; 1969, des hommes marchent sur la Lune...

Vous pensez peut-être que les changements n'ont pas été aussi rapides dans les campagnes. Détrompez-vous ! D'une façon peut-être moins perceptible, mais en fait tout aussi profonde, le monde rural a connu, dans les pays développés, un extraordinaire bouleversement.

et si proche !

C'est dans les années 1880-1890 que les agriculteurs voient apparaître dans leur village les premières moissonneuses et les premières batteuses à vapeur. Auparavant, les dernières grandes innovations techniques touchant l'agriculture – la charrue, le collier d'épaule pour le cheval... – avaient eu lieu... au 10e siècle. Voilà pourquoi ce dossier sur les campagnes d'il y a cent ans est si passionnant, si essentiel. Il va vous faire pénétrer dans un univers qui parle encore beaucoup du passé, mais qui annonce aussi l'avenir, qui est devenu notre présent. Finalement, cent ans, ce n'est pas si loin...

Une belle ferme
Dans l'unique pièce de cette maison bretonne, la famille a mis toute sa richesse dans quelques très beaux meubles.
Les vêtements et le linge sont rangés dans un grand coffre.
Près de la cheminée, la cuisinière a ouvert les portes du «lit-clos» afin d'y faire pénétrer la chaleur du foyer.

La pâte à pain lève dans des bannetons – des corbeilles – tressés.

Le pain quotidien
Dans les fermes les plus riches, une petite pièce accueille un four à pain. Ce sont les femmes qui pétrissent la pâte. La farine, selon la région et les récoltes, est de froment, de seigle, de sarrazin, d'épeautre ou d'orge.

On trempe le pain dans la soupe. Avec un morceau de fromage ou un oignon, il constitue un repas complet.

Cette ferme est solidement construite. Angles, portes et fenêtres sont renforcés par des pierres taillées dans du granit.

À la fontaine

Au village, toutes les maisons ne disposent pas d'un point d'eau. Il faut aller à la fontaine. C'est un endroit où les femmes se retrouvent, échangent des nouvelles.

Entre mer et campagne

Ici, au bord de l'Atlantique, l'un part en mer, l'autre cultive un jardin. Mais aujourd'hui, avec sa charrette tirée par des chiens, la jeune femme va vendre la pêche de son mari dans les villages.

De nombreux villages possèdent aussi un autre point d'eau très important : le lavoir.

Bien appuyé sur les épaules, le porte-seaux en bois réduit l'effort de la porteuse d'eau.

La soupe cuit doucement dans un grand chaudron suspendu à la crémaillère.

En se mettant près du feu, on profite de sa lumière et on économise les chandelles.

Le soir, à la veillée

La soirée s'organise autour de la cheminée. Trois générations s'y retrouvent. La grand-mère raconte ses souvenirs, la mère file la laine sur un rouet, le père confectionne un panier, et les enfants jouent. Parfois, les voisins viennent faire griller des châtaignes.

Des livres dans la maison

Grâce à l'école, les enfants font entrer les livres même dans les foyers les plus simples. Ils les empruntent à la bibliothèque de la classe et, le soir, ce sont eux qui font la lecture aux grands-parents.

Les livres d'histoire et d'instruction civique et morale tiennent une large place. La République, toute neuve, y construit ses grands principes.

La visite du colporteur
Comme autrefois, le colporteur est aussi celui qui apporte des nouvelles d'ailleurs. Dans les fermes isolées, on l'attend impatiemment. Son sac renferme des trésors : rubans, almanachs, images d'Épinal...

Un médecin venu du bourg
Ce médecin de campagne vient d'être appelé au chevet d'une jeune femme. Mais on se méfie encore de cet homme de science, aux «idées neuves», qui parle d'hygiène, de médicaments. De nombreux paysans préfèrent utiliser leurs vieilles «recettes». La pauvreté aussi les fait hésiter.

En règlement de sa consultation, le médecin de campagne se contente souvent de quelques œufs ou de fruits.

Des gestes très anciens

Qu'il s'agisse de labourer la terre ou de moissonner, les choses ont peu changé depuis le Moyen Âge. Beaucoup de charrues sont encore en bois, avec un simple soc en fer. Faux, fourches et râteaux sont soigneusement entretenus, car les outils coûtent cher. Le travail en commun, surtout lors des récoltes, demeure essentiel. Au village, on fait partie d'un groupe, on s'entraide.

Sous le soleil d'août, la moisson est épuisante. Les ramasseuses, pliées en deux, suivent les faucheurs. Elles lient les gerbes de blé. Après la moisson, une grande fête réunira tout le monde : on l'appelle la «passée d'août».

De nombreux instruments de culture sont encore en bois. Les paysans les fabriquent souvent eux-mêmes.

La partie battante du fléau est ronde ou plate, selon les régions.

37 fois par minute, le fléau se lève et s'abat pour battre le blé, séparer les grains des épis. À la fin de leur longue journée, les batteurs auront frappé plus de 22 000 coups !

Outils d'hier et machines de demain
Lentement, l'agriculture se transforme, malgré les réticences de nombreux paysans qui n'aiment guère les nouveautés. La pratique de la jachère – cette mise en repos des terres cultivables pendant un an ou deux – a disparu. La culture des plantes fourragères, pour nourrir les animaux, se répand. Les machines pénètrent lentement les campagnes : on doute de leur qualité et les journaliers – les ouvriers qui se louent à la journée – voient d'un mauvais œil ces inventions qui prennent leur place.

«Avec les "moissonneuses-faucheuses" Roberts, on moissonne 5 hectares en 10 heures», affirme le prospectus. Deux fois moins de temps qu'avec les bras !

Allons en vendange…

«Allons en vendange, pour gagner cinq sous, coucher dans la grange, attraper des poux», chantent les vendangeurs. Lorsque le raisin prend une belle couleur, le maire du village convoque les vignerons. Chacun plaide pour le jour qui lui semble le plus propice.

Après de longues discussions, la date des vendanges est fixée.

Aussitôt, le garde champêtre bat tambour et annonce la nouvelle.

Les vendangeurs accourent de toutes parts et se présentent pour l'embauche. De joyeuses soirées s'annoncent !

À la fin d'une journée harassante, les «grapilleurs» auront le droit de chercher les grappes oubliées.

Le vignoble français – et européen – est ravagé par le phylloxéra, une maladie qui détruit les vignes. Les vignes françaises seront sauvées grâce à des plants importés d'Amérique. Les vignobles américains avaient eux-mêmes été créés avec des plants venus du Bordelais. Juste retour des choses !

Pendant longtemps, le vin a été réservé aux gens riches. Il devient beaucoup plus courant dans les milieux moins favorisés. Il n'est pas cher, mais ne vaut pas plus ! C'est souvent une pauvre «piquette».

On cultive encore la vigne dans des régions qui ne s'y prêtent guère, par exemple à proximité de Paris, pour une consommation locale.

La France est déjà très réputée pour la qualité de ses grands crus, notamment dans le Bordelais et en Bourgogne.

Au travail dès sept ans
Dans la famille paysanne, chacun joue un rôle important, même les enfants. Depuis qu'elle a 7 ans, cette petite fille garde les moutons. Dès l'aube, elle part avec son troupeau et ne rentre qu'à la nuit tombée. Dans son sac, elle emporte du pain, du fromage et du lait. Quand elle aura 12 ans, elle travaillera avec sa mère à la ferme ou dans les champs.
Son plus jeune frère deviendra berger à son tour...

Beaucoup d'enfants vont pieds nus... ou en sabots.

De nombreux petits paysans font encore passer les travaux de la ferme avant ceux de l'école.

Les petits au verger

À la saison des fruits, tous les enfants participent à la récolte, même les plus petits. Tout ne va pas dans le panier : il est si tentant de goûter les plus belles pommes...

L'instituteur dispose rarement d'un logement séparé : il habite dans sa classe. Sa chambre n'en est isolée que par une cloison.

20

Une école pour tous
Gratuite en 1881, l'école devient obligatoire en 1882. Tous les petits Français doivent apprendre à lire, à écrire, à calculer...
Malgré la loi, les instituteurs ont parfois du mal à réunir tous leurs élèves, surtout quand il y a beaucoup de travail à la ferme.
Mais l'instituteur est un personnage important, respecté, et à la fin du siècle dernier, presque tous les enfants seront alphabétisés.

Les instituteurs sont attachés aux principes de la République. Ils sont fiers d'enseigner les grands idéaux de liberté, de fraternité et d'égalité.

Au village, l'instituteur et le curé ne sont pas toujours d'accord. L'Église joue un rôle très important et elle s'est longtemps opposée à la République laïque.

Les enfants viennent à l'école avec un panier qui contient leur repas pour le déjeuner.

Dans diverses régions, les enfants connaissent encore mal le français ; en famille, ils parlent la langue ou le patois de leur province.

21

La distribution des prix

À la fin de l'année scolaire, la distribution des prix réunit tout le village. C'est une grande fête... surtout pour les bons élèves ! Ils repartiront avec les derniers livres à la mode (*les Enfants du capitaine Grant* ou *Vingt Mille Lieues sous les mers*, du célèbre Jules Verne), mais aussi des ouvrages d'histoire, ou les *Fables* de La Fontaine...

Vers le bourg

Les gens des campagnes se déplacent peu. Leur horizon se limite aux quelques villages des alentours et au bourg ou à la petite ville la plus proche. La plupart du temps, ils vont à pied. Pour se rendre au marché, la carriole, tirée par un âne, un mulet ou un cheval, reste idéale.

Les paniers sont posés à même le sol, encombrant places et rues.

Les paysans partent tôt pour gagner le marché du bourg. Ils s'installent toujours à la place où leurs clients fidèles les retrouveront pour acheter œufs, volailles, fruits, légumes...

Habituellement, le marché a lieu une fois par semaine.
Quand les affaires ont été bonnes, les femmes s'offrent le luxe d'un foulard ou d'une pièce de tissu.

La fête du marché

Au bourg, le jour du marché est toujours un peu une fête. Les conversations vont bon train. On échange des nouvelles du voisinage : les mariages, les naissances, les décès...

Un roulement de tambour attire l'attention des badauds... Le garde champêtre de la commune doit lire le dernier arrêté municipal. Sur la place du village, il répétera plusieurs fois son message pour que tout le monde soit au courant.

Les cloches de l'église rythment le temps. Elles sonnent les heures, appellent à la messe... Le tocsin donne l'alarme en cas de danger, d'incendie.

Jour de foire
Une ou deux fois par an, la foire aux bestiaux attire la foule. Les plus beaux bovins de la région sont exposés sur la place de la ville ou sur le «mail», une allée bordée d'arbres. Chacun a préparé avec soin les bêtes à vendre ou les pièces d'or et d'argent, patiemment économisées pour les acheter.

Sur leurs vêtements, les hommes enfilent de larges blouses, confortables et pratiques.

Femmes et hommes ne sortent pas sans une coiffe ou un chapeau.

La tournée du maire

Les élections municipales approchent. Le maire est venu faire un tour pour préparer sa réélection. Celui-ci n'habite pas le village. C'est un bourgeois de la ville qui a une propriété sur le territoire de la commune. De nombreux agriculteurs commencent à se demander s'ils ne feraient pas mieux d'élire pour maire l'un d'entre eux, un homme qui partagerait leurs soucis.

Tous les hommes de plus de 21 ans ont le droit de vote. Mais ce «suffrage universel» ignore encore les femmes ! En France, celles-ci ne voteront pour la première fois qu'en 1945.

Un homme, un vote

Depuis 1871, pour élire les députés, on peut voter dans les villages. Avant, il fallait se rendre au chef-lieu de canton. Beaucoup de paysans n'y allaient pas... Maintenant, ils se sentent davantage concernés par la vie politique. Même les plus âgés viennent mettre leur bulletin dans l'urne, quitte à se faire porter jusqu'au bureau de vote par un plus jeune.

Le temps du service militaire

Vous pensez peut-être que ces soldats à l'exercice nous entraînent bien loin des campagnes et des villages. Sans doute... Pourtant, la plupart de ces jeunes gens en sont originaires ! Depuis 1872, le service militaire est devenu obligatoire pour tous. Pour ces fils de paysans, le départ à l'armée et le temps passé sous les drapeaux sont des événements très importants dans leur vie. Il s'agit souvent de la seule occasion qu'ils auront de quitter leur village, de découvrir d'autres horizons, de rencontrer des camarades venus de toutes les régions de France. Après l'école, l'armée est l'un des grands ciments de la République. Et si les exercices sont durs, si la discipline est sévère, les histoires de la chambrée et les moments de détente passés avec les «copains de régiment» feront des souvenirs pour toute la vie !

En 1870-1871, la France a été écrasée par la Prusse. Elle a perdu l'Alsace et une partie de la Lorraine. De nombreux militaires et hommes politiques veulent que le pays prenne sa «revanche» sur l'Allemagne et retrouve ses provinces perdues.

La durée du service militaire n'est pas la même pour tous. Un tirage au sort décide si un jeune conscrit partira un an ou cinq.

Les fantassins français portent une vareuse bleue, un pantalon rouge garance et un képi. Cet uniforme très voyant les transformera en cibles vivantes au début de la guerre de 1914.

Départ vers la ville

Il y a un peu plus de cent ans, 7 personnes sur 10 vivent à la campagne. Mais l'industrie et les villes se développent, réclamant de la main-d'œuvre, proposant de nouveaux emplois, alors que les villages sont trop peuplés, comptent trop de bras. De plus en plus de jeunes abandonnent les champs et partent vers les villes, pour tenter leur chance. Cet exode rural va s'accélérer. Il représente un très grand bouleversement dans l'histoire des sociétés des pays développés.

Quelques dates

1870-1871
La France est vaincue par la Prusse. En septembre 1870, l'empire est déchu et la république est proclamée.

1875
La Constitution de la IIIe République est adoptée.

1879
La Marseillaise devient l'hymne national. L'année suivante, le 14 juillet est déclaré jour de fête nationale, en commémoration du 14 juillet 1790, jour de la fête de la Fédération nationale (qui symbolise l'unité de tous les Français).

1881
Des lois assurent la liberté de la presse et de réunion, la gratuité de l'enseignement primaire.

1882
L'enseignement primaire devient obligatoire et laïc.
Fondation du parti ouvrier français.

1884
Désormais, les maires et leurs adjoints ne seront plus nommés, mais élus.

1887
Pour la première fois, un «groupe ouvrier» de dix-huit députés est élu à la Chambre.

1889
Inauguration de la tour Eiffel lors de l'Exposition universelle à Paris.

1890
Invention de la moissonneuse-lieuse.

1892
Loi sur le travail des enfants : les heures de travail sont limitées à 10 par jour pour les enfants de 13 à 16 ans et à 11 pour les jeunes de 16 à 18 ans.

1895
Constitution de la Confédération Générale du Travail (C.G.T.).
Grandes grèves à Carmaux, une ville industrielle du Tarn.

Index

Armée 28
Banneton 6
Batteur 14
Batteuse 5
Berger 18
Bourg 22, 23
Bureau de vote 27
Carriole 22
Charrette 8
Charrue 12
Classe (salle de) 20, 21
Colporteur 11
Commune 26
Crémaillère 9
Curé 20
Distribution des prix 21
École 10, 19, 20, 21, 28, 31
Église 20, 24
Enfant 18, 19, 20, 21, 31
Exode rural 30
Fantassin 29
Faux (et faucheur) 12
Fléau 14
Foire 25
Fontaine 8
Four à pain 7
Fourche 12
Garde champêtre 16, 24
Génération 4, 9
Grapilleur 16
Guerre de 1870 28, 31
Hygiène 11
Instituteur, 20, 21
Jachère 15
Journalier 15
Labour 12
Lavoir 8
Lit-clos 6
Livre 10, 21
Machine agricole 15
Mail 25
Maire 16, 26, 31
Marché 22, 23
Médecin de campagne 11
Moisson (et moissonneur) 12
Moissonneuse 5
Moissonneuse-lieuse 31
Moissonneuse-faucheuse 15
Pain 7
Phylloxéra 16
Piquette 17
Plante fourragère 15
Râteau 12
République 10, 20, 28, 31
Rouet 9
Service militaire 28
Suffrage universel 26
Tirage au sort 29
Veillée 9
Vendange (et vendangeur) 16
Verger 19
Vigneron 16
Vin 16
Vote (droit de) 27

Maquette : Atelier Michel GANNE

Dépôt légal : janvier 1995
Imprimé par Publiphotoffset, 93500 Pantin